CATALOGUE

DES MANUSCRITS

DE

LA BIBLIOTHÈQUE D'ALBI

EXTRAIT DU PREMIER VOLUME

DU CATALOGUE GÉNÉRAL DES MANUSCRITS

DES BIBLIOTHÈQUES DES VILLES DE FRANCE.

CATALOGUE

DES MANUSCRITS

DE

LA BIBLIOTHÈQUE D'ALBI

PUBLIÉ SOUS LA DIRECTION

DE LA COMMISSION

DU CATALOGUE GÉNÉRAL DES MANUSCRITS

PARIS

IMPRIMERIE NATIONALE

—

M DCCC XLIX

MANUSCRITS

DE

LA BIBLIOTHÈQUE

D'ALBI.

N° 1. In-4° sur papier. — Bullarium ecclesiæ Albiensis. — XVIIIe SIÈCLE.

Ce manuscrit a été donné par Clément XIV au cardinal de Bernis, en 1772. Il contient les bulles de nomination des évêques d'Albi, depuis l'an 1009 jusqu'à l'an 1349.

2. In-folio sur vélin. — (Collectio Canonum.) — IXe-Xe SIÈCLE.

Ce manuscrit provient du chapitre de la cathédrale d'Albi. L'écriture est une minuscule caroline un peu altérée. Vers la fin elle est un peu plus grosse qu'au commencement. Les rubriques sont en onciales de différentes couleurs. On lit ce qui suit, au septième feuillet à compter de la fin : « Explicit liber « canonum. Amen. Ego Perpetuus, quamvis indignus presbyter, jussus a « domino meo Didone, urbis Albigensium episcopo, hunc librum cano- « num scripsi post incendium civitatis ipsius. Hic liber recuperatus fuit, Deo « auxiliante sub die VIII kal aug. anno IIII regnantis domini nostri Childerici « regis. » Après ce recueil viennent quelques Canons de Conciles d'Aqui- taine : « Incipit synodus Epacnensis..... Canon Burdigalensis..... Canon Latu-

nensis. » Ce manuscrit, que, d'après la note précédente, on a cru authentique
et du viie siècle, n'est évidemment qu'une copie plus moderne. Il y avait a
la fin du volume une autre note qui a été grattée, et où probablement se
trouvait indiquée la véritable date de cette copie. A l'égard de l'évêque
Didon, on peut consulter Dom Vaissette (*Histoire du Languedoc*, tom. I,
pag. 349 et 361), qui paraît avoir connu ce manuscrit, et les Capitulaires de
Baluze (tom. II, p. 1229).

N° 3. In-4° sur vélin. — Rituale albiense.—XIe-XIIe SIÈCLE.

Ce manuscrit provient du chapitre d'Albi. Il est d'une belle écriture. Aux
titres sont des lettres rouges et vertes. Le copiste s'est nommé; il s'appelait Si-
cardus. Ce rituel contient, entre autres choses, « Forma professionis canoni-
« corum regularium ecclesiæ Albiensis , » ainsi qu'une « Benedictio aquæ calidæ
« ac ferri ad judicia. »

4. In-folio oblong sur vélin.—Liber sacramentorum, ad usum ecclesiæ Albiensis. — Xe SIÈCLE.

Ce manuscrit provient du chapitre de la cathédrale d'Albi. Il est cité par
Lebrun (*Liturgia,* tom. I, pag. 171, et tom. II, pag. 297 et 322).

5. In-folio sur vélin. — Liber sacramentorum Sancti Gregorii papæ, ad usum ecclesiæ Albiensis dispositus. — XIe SIÈCLE.

Ce manuscrit provient du chapitre d'Albi. L'écriture en est fort variée, mais
toujours belle. Au commencement du manuscrit est un calendrier. A la fin du
volume se trouve, avec quelques autres petites pièces, le commencement de
l'Évangile selon S. Mathieu, noté en plain chant antique, sans lignes ni clef.

6. Petit in-folio sur vélin. — Liber sacramentorum per anni circulum , ad usum ecclesiæ Albiensis.—XIe-XIIe SIÈCLE.

Ce manuscrit provient du chapitre d'Albi. On y remarque de belles lettres
coloriées et de curieux dessins à la plume. L'ouvrage est précédé d'une petite
introduction plus moderne qui commence ainsi: « Hæc sunt festa solempnia et
« dies in quibus episcopus Albiensis. » Grossus, sacristain de l'église d'Alby,
déclare avoir écrit cette introduction en 1248.

N° 7. In-folio sur vélin. (Recueil.) — 1° « Martyrologium ad usum
« ecclesiæ Albiensis. »—2° « Breve de guirpement que fet Rai-
« munz Gauters de tota la onor que tenia ille et suus pater
« de S. Cecilia, et de tot los seniores de loco las terras et
« vineas els localz que dels iavia. Aquesta guirpidas fuit facta
« a Guirfre et a Bernart Esteve, in præsentia Sicart Cairel e
« de Raimun de Lacura, et Guitart Malaterra et Raimun
« Bernar et Amel suo fratri propter istud guirpement super
« scriptum accept..... sol. a Bernardo Stephani (?) exceptis
« illis triginta solidis quos habebat in ipso guerpiment in
« pignore. » — 3° Versus de docte scribere. — Incipit :

> « Quisquis es aut fueris qui docte scribere queris,
> « Hac duce scriptura digitos inflectere cura. »

— 4° (Hymnus, cum notis musicis.) —— XIe SIÈCLE.

Ce manuscrit provient du chapitre d'Albi. L'écriture en est bien conservée.
Le martyrologe a été dressé avant la sécularisation. On lit à la fin : « Ego Vivia-
« nus archidiaconus Ulriquo domino et Sancte Cecilie, etc. » Le *Breve de guirpement* offre un curieux et ancien spécimen d'un acte dressé en latin, avec
beaucoup de mots en langue romane. Raynouard, dans son Choix de poésies
des Troubadours, a cité d'autres documents du même genre. Les mots *guerpiment* et *guerpidas* ne se trouvent pas dans le Lexique roman de Raynouard,
où il y a cependant le verbe *querpir.*

8. In-folio sur papier. (Recueil.) — 1° Antiquum datarium,
seu necrologium ecclesiæ Albiensis.—2° Officium defuncto-
rum. — 3° Martyrologium Usuardi. — 4° Calendarium. —
XIVe-XVe SIÈCLE.

Provient du chapitre d'Albi. Le premier feuillet manque.

9. In-4° sur vélin. — (Diurnale et rituale, in quo ritus varii
administrandi sacramenta reperiuntur, cum tabula et
cantu.) — XIIe-XIIIe SIÈCLE.

N° 10. In-folio sur papier. – Reductio canonicorum ecclesiæ Albiensis facta anno millesimo quadringentesimo. — XVIIe SIÈCLE.

Ce manuscrit n'est qu'une copie collationnée, et d'une mauvaise écriture.

11. In-4° sur vélin. – Processionale Albiense.—XVe SIÈCLE.

Ce manuscrit provient du chapitre d'Albi. Il est écrit en gros caractères.

12. Trois volumes in-4° sur papier.–Vie de sainte Cécile, patronne d'Alby ; recherches sur l'origine et le culte de cette vierge (par M. Blainville, musicien?). — XVIIIe SIÈCLE. (1768.)

Ce recueil est d'une mauvaise écriture. C'est un amalgame bizarre de prose et de vers, d'érudition et d'extravagances.

13. In-4° sur vélin. – Evangeliorum liber per circulum anni ecclesiastici. — XIe-XIIe SIÈCLE.

Ce manuscrit, provenant du chapitre de l'église d'Albi, est d'une très-belle écriture.

14. In-folio sur parchemin.–Liber Regum. — XIe SIÈCLE.

Ce manuscrit provient du chapitre d'Albi. L'écriture en est assez bien conservée et très-lisible. Il contient les trois premiers livres des Rois (jusqu'au huitième verset du second chapitre du livre troisième) précédés du prologue de S. Jérôme.

15. In-folio sur parchemin.–Lectionarium ecclesiasticum. — XIe SIÈCLE.

Manuscrit curieux, provenant du chapitre d'Albi. On y trouve des proses et des répons en plain chant noté sans lignes ni clef.

16. In-4° sur papier.–Traité touchant la réception du concile de Trente en France. — XVIIe SIÈCLE.

Ce manuscrit provient du chapitre d'Albi. On y discute les propositions contenues dans le Concile de Trente, et on y apporte les autorités qui les combattent.

N° 17. In-4° sur vélin. – Divus Joannes Chrysostomus adversus vituperatores vitæ monasticæ. — XV° SIÈCLE.

Provient du chapitre d'Albi. C'est un très-beau manuscrit, avec lettres initiales en or et en couleur. Il y manque le frontispice et les premiers feuillets.

18. In-4° sur vélin. (Recueil.)–1° Meditationum liber in septem dona Spiritus sancti.–2° Liber beati Bernardi de gratia et libero arbitrio.–3° Collectio canonum venerabilis capituli ecclesiæ Albiensis, per Bernardum de Fabrica, canonicum ecclesiæ Albiensis, anno 1369. — XIV° SIÈCLE.

Ce manuscrit provient du chapitre d'Albi. Il est à deux colonnes et d'une assez belle écriture.

19. Deux volumes in-folio sur papier. – Alphonsi Delbene, episcopi Albiensis, historiæ sacræ Summa.—XVII° SIÈCLE.

Provenant des capucins d'Albi. Ces volumes ont des annotations qui paraissent autographes. Ils portent la date de 1601 et 1605.

20. In-4° sur vélin.–1° Enchiridion Augustini. – IX°-X° SIÈCLE. –2° Bulla Innocentii, anno 1313, qua ecclesiam Albiensem sub tutela sedis apostolicæ accipit.— XIV° SIÈCLE.

L'écriture est très-lisible. Quelques pages ont été rayées.

21. In-folio sur vélin. – Biblia sacra. — XIV° SIÈCLE.

Ce manuscrit provient du chapitre d'Albi. Il est d'une belle écriture.

22. In-folio sur vélin. – Biblia sacra. — XIII° SIÈCLE.

Très-beau manuscrit, provenant du chapitre d'Albi.

N° 23. Deux volumes in-folio sur vélin. – Novum Testamentum.
XIIe SIÈCLE.

Provient du chapitre d'Albi.

24. In-folio sur vélin.–(Novum Testamentum cum tabula
epistolarum quæ leguntur per circulum anni. – Kalendarium.)—XIIIe SIÈCLE.

Provient du chapitre d'Albi.

25. In-4° sur vélin. – Expositiones Evangeliorum dominica-
lium. — XIIIe SIÈCLE.

Ce manuscrit provient du chapitre d'Albi. Il est écrit à deux colonnes.

26. In-folio sur vélin.–Commentarius in quosdam psalmos.—
XVe SIÈCLE.

Provient du chapitre d'Albi.

27. In-folio sur vélin.–Summæ divi Thomæ de Aquino liber
primus.—XIVe SIÈCLE.

Provient du chapitre d'Albi.

28. In-folio sur vélin. – (De septem vitiis capitalibus.) – Incipit: «Quoniam superius, parte prima, titulo octavo, egimus
« de peccato in genere. » — XIVe SIÈCLE.

Provient du chapitre d'Albi. Ce manuscrit est incomplet; il ne renferme
qu'un fragment, considérable il est vrai (de 456 pages), d'un ouvrage sur les
sept péchés capitaux. Il commence au titre septième de la quatrième partie.

29. Petit in-folio carré sur vélin. (Recueil.) – 1° Incipit syno-
nima Ciceronis. – 2° Incipit glosa de evangelio quod Sanctus Aucerius composuit. – 3° Incipit oratio dominica interpretata. – 4° Humilia S. Augustini de diem judicii. –

5° Incipit cronica S. Isidori abbreviata. — 6° Incipit de proprietatum sermonum vel rerum.–Incipit : « Inter metum et « timorem et pavorem. » — 7° De questionibus. — 8° Humilia S. Augustini ad castigandum. — 9° Incipit de questionibus difficilioribus Novi et Veteris Testamenti a domino Isidoro editum. — VIIIe SIÈCLE. — 10° (Delineatio geographica orbis.) — 11° Indeculus quod maria vel venti sunt.—VIIe-VIIIe SIÈCLE. —12° Incipit descriptio terrarum.–Incipit : « Majores nostri « orbem totius terre Oceani lymbo circumseptum. » — Desinit : « magis celebres habentur. » — 13° Omnium nomina provinciarum Romanorum. — 14° Incipit definitio ecclesiarum dogmatum. — 15° Gelasius de recipiendis sive non recipiendis. — 16° Expositio super Daniel de Anticristo S. Iheronimi presbyteri. — 17° Incipit de sex etates seculi de chronica Beati Iheronimi presbyteri, etc. — 18° Laterculus consularis quem fecit vir religiosissimus Iheronimus presbyter. — 19° Incipit expositio Patrum. — 20° De libro quæstimum domni Augustini episcopi contra Manicheos. — 21° De libris sententiarum domni. — 22° Omelia S. Agustini episcopi de elemosina. — VIIIe SIÈCLE.

Ce manuscrit précieux provient du chapître d'Albi. Il contient 156 pages, et est incomplet. Les traités qu'il renferme sont de différentes écritures. Le n° 1 est en petits caractères mérovingiens. Le n° 2 est d'une écriture mérovingienne assez grosse. Les n°s 3, 4, 5, 6 et 7 sont en petits caractères mérovingiens. Le n° 8 est en gros caractères mérovingiens. Le n° 9 est en caractères mérovingiens moins gros. Le n° 10 est une mappemonde très-grossière, exécutée à la fin du septième ou au commencement du huitième siècle. L'écriture est onciale. Lé n° 11 est en petite onciale. Le n° 12, qui est en caractères mérovingiens, n'est autre chose que le traité de cosmographie publié plusieurs fois sous le nom d'Æthicus, et qui forme le second chapitre du livre premier de l'histoire de Paul Orose. Les n°s 13-19 sont en petits caractères mérovingiens. Les n°s 21 et 22 sont en grosse écriture mérovingienne.

3.

N° 30. In-folio sur parchemin. – (Isidori collectio, complectens quasdam SS. Clementis, Anacleti, Leonis et Gregorii epistolas.) — IXe-Xe SIÈCLE.

31. In-folio sur vélin. – Incipit annotatio super duodecim prophetas. – Incipit : « Verbum Domini quod factum est ad « Oseae filium Beeri. » – Desinit : « quia ipse suos faciet re- « gnare in diversis locis. » —— IXe SIÈCLE.

> Ce manuscrit provient du chapitre d'Albi. Il est réglé, et contient cent cinquante-six pages.

32. In-folio sur papier. – Francisci Eximenis, patriarchæ Hierosolymitani, liber de angelis. — XVe SIÈCLE.

> Provient du chapitre d'Albi. Écrit à deux colonnes.

33. In-4° sur vélin. – S. Augustini opus de consensu evangelistarum. — XIVe SIÈCLE.

> Provient du chapitre d'Albi.

34. In-4° carré sur vélin. —— (Pontificale et rituale, in quibus continentur variæ benedictiones ad ordinandos clericos.) —— IXe-Xe SIÈCLE.

> Provient du chapitre d'Albi.

35. In-4° sur vélin. – (Sermones sacri.) —— XIIIe SIÈCLE.

> Ce manuscrit provient du chapitre d'Albi. Il est dégradé vers la fin.

36. In-folio sur vélin. (Recueil.) – 1° (Kalendarium quod videtur exaratum ad usum ecclesiæ Bituricensis, desinens anno DCCCLIV.) – 2° Acta concilii Aquisgranensis celebrati anno Domini DCCCXV. ——IXe SIÈCLE.

> Ce manuscrit est mal conservé. Il contient cent trente pages.

N° 37. In-4° carré sur vélin. (Recueil.) — 1° (Fragmenta cujus-
dam collectionis canonum.) — IXe SIÈCLE.— 2° Regulæ canonicorum. — XIe-XIIe SIÈCLE. — 3° Acta concilii Aquisgranensis. — IXe SIÈCLE.

Ce manuscrit provient du chapitre d'Albi. Il contient deux cent trente-
deux pages. Le n° 2 commence à la page 4. Le n° 3 est incomplet à la fin.

38. In-4° oblong sur vélin.— 1° Collectio canonum. — Incipit :
« Primo omnium credendum est atque omnibus generaliter
« prædicandum Patrem et Filium. »— 2° (Collectio canonum
Dionysii exigui.) — IXe SIÈCLE.

Ce manuscrit incomplet provient du chapitre d'Albi.

38 *bis*. In-4° sur vélin. (Recueil.) — 1° (Collectio canonum.) —
2° (Notitia librorum apocryphorum.) — 3° Capitula S. Gregorii ad Augustinum episcopum Anglorum in Saxoniam
missum. — 4° Beda, de remediis peccatorum. — 5° Senten-
tiæ Isidori de gradibus dirimentibus.— 6° Ex decreto papæ
Gregorii junioris. — 7° Theodorus de opere die dominica.
— 8° Tractatus S. Fausti de symbolo.— 9° Prædicatio S. Augustini episcopi de fide catholica. — 10° Calendarium. —
11° Compotum Græcorum. — IXe SIÈCLE.

Ce manuscrit provient du chapitre d'Albi. Il contient trois cents pages ; il
est de diverses mains : l'écriture est une caroline, tantôt penchée, tantôt
allongée. Le calendrier du n° 10 paraît dressé pour l'usage de l'église de Bourges.
Il s'arrête à l'année 854. Le volume est incomplet.

39. In-4° carré sur vélin. — Doctrina ecclesiastica secundum
Nicænum concilium. — VIIIe-IXe SIÈCLE.

Provient du chapitre d'Albi.

N° 40. In-4° sur vélin. – Quæstiones S. Augustini. — ixe-x^e
SIÈCLE.

Provient du chapitre d'Albi; il est incomplet.

41. In-folio sur vélin. – 1° Collecta a Floro, de sententiis an-
tiquorum patrum. – 2° (Collectio canonum). – 3° (Concilium Toletanum.) — ixe SIÈCLE.

Provient du chapitre d'Albi.

42. In-4° sur vélin. (Recueil.) – 1° Hincmari episcopi Remensis constitutiones synodicæ. – 2° Archiepiscopo Narbo-
nensi Sigeberdo Almarici monachi et presbyteri responsio
ad diversas questiones de baptismo. – 3° (De signo crucis;
benedictiones aquæ, salis, cineris et vini; de ecclesia con-
secranda.) — ixe SIÈCLE.

Provient du chapitre d'Albi.

43. Petit in-4° carré sur vélin. (Recueil.) – 1° De essentia divi-
nitatis. – Incipit : « Omnipotens Deus Pater et Filius et Spi-
« ritus sanctus unus atque eternus. » – Desinit : « refertur
« ad opus justitiæ. » – 2° Interrogatio sacerdotalis. – Incipit :
« Dic mihi per quid es presbiter benedictus. » – 3° Collectio
canonum. — ixe-x^e SIÈCLE.

Provient du chapitre d'Albi; il contient deux cent vingt pages. La col-
lection des canons du n° 3 est divisée en quatre livres. Le premier livre a
cent vingt chapitres, dont le premier a pour titre : « Quod nulli sit ultima
« penitentia deneganda. » Le second livre a cent quinze chapitres, le premier
est intitulé : « De conjuratione vel conspiratione. » Le troisième livre a cent
quarante-neuf chapitres; le premier a pour titre : « Proborum diaconorum
« ordinationes certis celebrare temporibus. » Le quatrième livre a trente-quatre
chapitres; il commence par : « Leo huniversis episcopis per Cesariensem Mo-
ritaniam. » Ce manuscrit est incomplet.

N° 44. In- 4° carré sur vélin. — Antiphonæ et responsoria ecclesiastica. — IXe SIÈCLE.

Provient du chapitre d'Albi.

45. In-4° sur vélin. — Apocalypsis. — Psalmi. — Cantica. — Sym-
bola apostolorum Nicænum, et S. Athanasii. — Litaniæ. —
Ecclesiæ Albiensis variæ orationes. — XIe SIÈCLE.

Provient du chapitre d'Albi.

46. In-4° sur vélin. — Liber hymnorum et precum , cum
cantu notato. — XVe SIÈCLE.

47. Petit in-4° sur vélin. (Recueil.) — 1° Canticum canticorum. — 2° Actus apostolorum. — 3° Epistolæ canonicæ. —
4° S. Ambrosii sermones. — 5° Expositio S. Hieronimi super Marchum. — 6° Isidori expositio super quatuor evan-
gelia. — XIIIe SIÈCLE.

48. In-4° sur vélin. — Homeliæ S. Augustini in epistolam
S. Johannis. — Xe SIÈCLE.

Beau manuscrit, provenant du chapitre d'Albi.

49. In-8° sur vélin. — Canticum canticorum et Apocalypsis.
— XIVe SIÈCLE.

50. Petit in-4° sur vélin. — Summa ex libris legum olim vul-
gariter promulgata, et a magistro Ricardo Pisano a vulgari
in latinum noviter translata. — XIVe SIÈCLE.

Provient du chapitre d'Albi. Il est incomplet à la fin.

51. In-8° sur vélin. — Flores sanctorum, ex dono Ademari
episcopi Massiliensis, qui obiit anno 1333. — XIVe SIÈCLE.

N° 52. In-12 sur vélin. – Diurnale, seu officium beatæ Mariæ virginis. — XVe SIÈCLE.

Ce manuscrit renferme des lettres d'or.

53. In-12 sur vélin. – Horæ canoniales. — XVe SIÈCLE.

Ce manuscrit renferme des lettres d'or.

54. In-12 sur vélin. – Pastorale S. Gregorii papæ. — XIIIe
SIÈCLE.

55. In-4° sur papier. – Declarationes Concilii Tridentini,
cum suis decisionibus usque ad diem septimum junii
anni 1601. — XVIe-XVIIe SIÈCLE.

56. In-4° sur papier. – Conférences sur la messe, faites dans
la congrégation des dames de Grenoble. — XVIIe SIÈCLE.

Provient des jésuites d'Albi.

57. In-folio sur papier. (Recueil.) – 1° Anonymi in libros sententiarum. – 2° Tractatus de penitentia. – 3° Mariani pro-
legomena in sacram scripturam. — XVIe SIÈCLE.

Ce manuscrit est de diverses mains.

58. In-4° sur papier. – Tractatus de gratia Dei. — XVIIe-XVIIIe
SIÈCLE.

59. In-8° sur papier. – Sermones christiani gallice scripti. —
XVIIe SIÈCLE.

60. In-4° sur papier. – Sermons sur le Saint-Sacrement. —
XVIIe SIÈCLE.

61. Deux volumes in-4° sur papier. – Paraphrases et réflexions
sur les Psaumes. — XVIIe SIÈCLE.

N° 62. In-8° sur papier. – Tractatus de humanis actibus, a patre Gisberto, professore in collegio tolosano, 1689. — XVIIe SIÈCLE.

Ce volume a été écrit par Bousquet, prêtre.

63. In-4° sur papier. – Notæ perpetuæ in novem libros codicis Justiniani. — XVIIe SIÈCLE.

Provient du chapitre d'Albi.

64. In-8° sur papier. – Theophilus renovatus, sive breves observationes in institutiones Justiniani, ad usum fori Gallicani. — XVIIe SIÈCLE.

65. In-4° sur papier. – Logica aristotelica. — XVIIe-XVIIIe SIÈCLE.

66. In-4° sur papier. – Logicæ simul et metaphysicæ tractatus Tolosæ dictatus, anno 1617. — XVIIe SIÈCLE.

67. Trois volumes in-4° sur papier. – Institutiones philosophicæ, logica et physica. — XVIIIe SIÈCLE.

68. Deux volumes in-4° sur papier. – Philosophicæ aristotelicæ tomi tres. — XVIIe SIÈCLE.

69. In-8° sur papier. – Consultes faites par M. Chirac, médecin du roi Louis XV, en 1750. — XVIIIe SIÈCLE.

70. In-4° sur papier. — Excerpta ex variis auctoribus græcis et latinis. — XVIIe SIÈCLE.

Ce manuscrit provient du chapitre d'Albi.

71. In-8° sur papier. – Θεοδώρου γραμματικῆς εἰσαγωγῆς, etc. (Theodori Gazæ grammatica græca.) — XVIe SIÈCLE.
Manuscrit d'une belle écriture.

N° 72. In-4° sur papier.–Diversion à ma mélancolie, ou pensées et réflexions philosophiques; ouvrage dédié au cardinal de Bernis par Bignecourt. Reims, 1761.—XVIIIe SIÈCLE.

73. Manque.

74. In-4° sur papier. – Borel, antiquités de la ville de Castres. — XVIIIe SIÈCLE.

Cet ouvrage a été imprimé.

75. In-4°. sur papier. — Epitome historiarum Titi Livii, ex editione variorum. — XVIIe SIÈCLE.

76. In-folio sur papier. — Bocace, des nobles malheureux.— XVe-XVIe SIÈCLE.

Ce manuscrit est incomplet.

77. In-folio sur vélin. – Strabonis de situ orbis geographia.— XVe SIÈCLE.

Il y a dans ce magnifique manuscrit des lettres initiales coloriées avec le plus grand soin , et deux grandes peintures qui représentent l'une le traducteur offrant son ouvrage au patricien vénitien Marcello, et l'autre, ce même patricien en faisant hommage au roi René. C'est une traduction latine de Strabon, faite par Guarini de Vérone, en 1458, commencée par les ordres de Nicolas V.

78. In-folio sur vélin. – Actes de la dissolution du mariage de Louis XII, roi de France, et de Jeanne, fille de Louis XI, en 1498, par les commissaires du pape Alexandre VI. — XVIe SIÈCLE.

Les commissaires du pape étaient Louis d'Amboise, évêque d'Albi; Ferdinand, évêque de Ceuta, et le cardinal Philippe de Luxembourg, évêque du Mans, qui présida la commission. Ces actes sont authentiques; ils ont été collationnés sur l'original par les deux notaires présents à la procédure, Nicolas Melittis et Pierre Mesnard.

N° 79. In-folio sur papier timbré. – Acta Bituricensis canonisationis beatæ Joannæ Valesiæ Galliæ primum reginæ, postea fundatricis ordinis Annunciationis beatæ Mariæ Virginis, sub regula Sancti Francisci. — XVIII° SIÈCLE.

Ce manuscrit, suivi de toutes les pièces originales certifiées par les notaires royaux, contient la procédure faite à Albi, le 26 décembre 1773, pour la canonisation de la bienheureuse Jeanne de Valois.

80. In-folio sur papier. – Frodoardi episcopi Remensis annales, ab anno 919 usque ad annum 966.— XVI°-XVII° SIÈCLE.

81. In-folio sur papier. – Chroniques des ducs de Savoie, depuis Hugues jusqu'à Aimé VII. — XV°-XVI° SIÈCLE.

Ce manuscrit est d'une écriture courante. Ces chroniques se terminent par des vers.

82. In-folio sur papier. (Recueil.) – 1° États Généraux sous le roi Jean, en 1355. – 2° La relation des barricades, en 1651. – 3° Assemblées de la noblesse tenues à Paris en 1649 et 1651. — XVIII° SIÈCLE.

Copie d'un manuscrit de la Bibliothèque nationale, signée par François de Becsaing de Busy.

83. Deux volumes in-folio sur papier. – États Généraux tenus à Fontainebleau sous le règne de François II, et à Orléans, sous Charles IX, en l'année 1560. — XVIII° SIÈCLE.

Ce manuscrit contient les discours prononcés en ces assemblées; le procès-verbal des États; diverses requêtes présentées aux États; l'état des dépenses et recettes de la France en 1560. La plupart de ces pièces ont été imprimées dans le tome premier du Recueil de pièces originales et authentiques concernant la tenue des États généraux. Du reste, les États généraux de Fontainebleau ne furent qu'une assemblée de notables où fut résolue la tenue des États généraux d'Orléans.

N° 84. In-folio sur papier. – Journal du duc de Nevers, des États tenus à Blois, en 1576.

> Copie d'un manuscrit de la Bibliothèque nationale. Ce journal a été imprimé dans le tome III du *Journal de Lestoille,* édition de Lenglet du Fresnoy, et dans le Recueil de pièces originales et authentiques concernant la tenue des États généraux, tome III, page 1.

85. In-folio sur papier. – Procès-verbal de la Chambre de noblesse durant les États généraux tenus à Paris en 1615. — XVIIe SIÈCLE.

> Imprimé dans le tome VI du Recueil de pièces originales sur les États généraux.

86. In-folio sur papier. – Assemblée des notables tenue à Paris en 1626 et 1627. — XVIIe SIÈCLE.

87. In-folio sur papier. – Cérémonial des assemblées générales du clergé de France et des processions solennelles. — XVIIe SIÈCLE.

88. In-folio sur papier. (Recueil.) – 1° Harangue au roi par le cardinal de Lorraine au nom du clergé. – 2° Mémoire sur l'histoire de France, contenant l'abrégé de la reine Anne d'Autriche, jusqu'à la mort du roi Louis XIII; non terminé. – Système pour régler les finances au moyen de billets. – 4° Remontrances au roi par la Cour des Aides, avec la réponse du roi. – Remontrance au roi par les agents généraux du clergé de France. — XVIIIe SIÈCLE.

> Ces divers mémoires ont été copiés à la Bibliothèque nationale.

89. In-folio sur papier. – Recueil de diverses procédures faites à aucuns évêques et autres criminels de leze-majesté, soit par le concours de l'autorité des papes, soit seulement par

la justice séculière; de l'an 991 à l'an 1523. — XVIIIᵉ
SIÈCLE.

Nº 90. In-folio sur papier. — Mémoire touchant les affaires de
France sous la régence de Marie de Médicis, de 1610 à
1620, par le maréchal d'Estrées. — XVIIᵉ SIÈCLE.

Ces mémoires ont été imprimés.

91. In-folio sur papier. (Recueil.) — Anecdotes historiques sur
les Cardinaux et autres dignitaires ecclésiastiques de France,
depuis 1480 jusqu'en 1659. — 2° Mémoires sur les rangs
qu'ont eus divers ambassadeurs ecclésiastiques, légats,
évêques, dans des négociations politiques pendant deux
siècles. — XVIIᵉ SIÈCLE.

92. Trois volumes in-folio sur papier. — Traité concernant les
ducs et pairs de France, de leur origine et institution, depuis l'an 987 jusqu'en 1468. — XVIIIᵉ SIÈCLE.

93. In-4° sur papier. — Livre des statuts et ordonnances de
l'ordre de Saint-Michel. — XVIᵉ SIÈCLE.

Ce manuscrit renferme des lettres en or et des figures.

94. In-4° sur papier. — Recherches sur l'origine des ducs de
Savoie et Piémont, par Alphonse Delbène, conseiller d'état
en Savoie. — XVIᵉ SIÈCLE.

Ce manuscrit, tiré des vieux titres et mémoires de Haute-Combe, en 1590,
a été imprimé en 1610.

95. In-folio sur papier. — Alphonsi Delbene episcopi Albiensis tractatus de gente ac familia marchionum Gothiæ qui

postea comites Tolosani dicti sunt. Albiæ, 1606. — XVIIe
SIÈCLE.

Imprimé à Lyon, 1607, in-8°.

N° 96. In-4° sur vélin. — Landulphus de Columna, epitome historiarum. — XVIe SIÈCLE.

Cet ouvrage, intitulé aussi *Breviarium historiale*, a été publié. (Voyez Fabri-
cius, *Bibliotheca latina mediæ et infimæ ætatis*, tom. IV, p. 239.)

97. In-4° sur papier. — Description naïve et sensible de la
fameuse église de Sainte-Cécile d'Albi, faite en 1684, le
14 juin, par Boissonnade, avocat au parlement de Tou-
louse. — XVIIIe SIÈCLE.

Ce manuscrit est copié sur l'original que possédait M. de Rochegude.

98. In-folio sur vélin. — Sedulii carmen paschale continens
historias notabiles veteris et novi Testamenti, orationis do-
minicalis paraphrasim, etc. — IXe SIÈCLE.

99. In-4° sur vélin. — Juvenci historia evangelica, carmine
scripta. — Grammatica latina. — IXe SIÈCLE.

100. In-8° sur vélin. — Carmen de septem plagis Ægypti, de
decem mandatis legis. — XIe SIÈCLE.

101. Quarante-sept volumes in-folio sur papier. — Mémoires
des assemblées du Clergé. — XVIIe-XVIIIe SIÈCLE.

102. In-4°. — Pièces relatives au procès et au supplice de
Damiens.

Avec une peinture représentant la *veglia*, ou *veille*.

Ces pièces sont placées à la suite d'un imprimé, les *Pièces originales et procédures du procès fait à R. F. Damiens*, Paris, 1757.

FIN DU CATALOGUE DES MANUSCRITS DE LA BIBLIOTHÈQUE

Monsieur,

Je vous supplie de prendre lecture de la page d'écriture que voici; déjà vous la connaissez par la brochure que j'ai eu l'honneur, hier, de vous envoyer.

Désirez-vous plusieurs exemplaires de la présente lithographie?

Quelques mots de conseils, une correction sommaire de mon thème, feraient un plaisir infini à votre serviteur,

Herbert, Professeur au lycée d'Albi (Tarn).

Albi (Tarn), 11 Décembre 1869.

N.B. Tourner, s'il vous plaît.

Bibliothèque publique d'Albi (Tarn). Manuscrit...
libenter audirem legere orationis quam

Albi (Tarn) 2 Déc. 1869.
P.MK

[facsimile of the manuscript page, in archaic script]

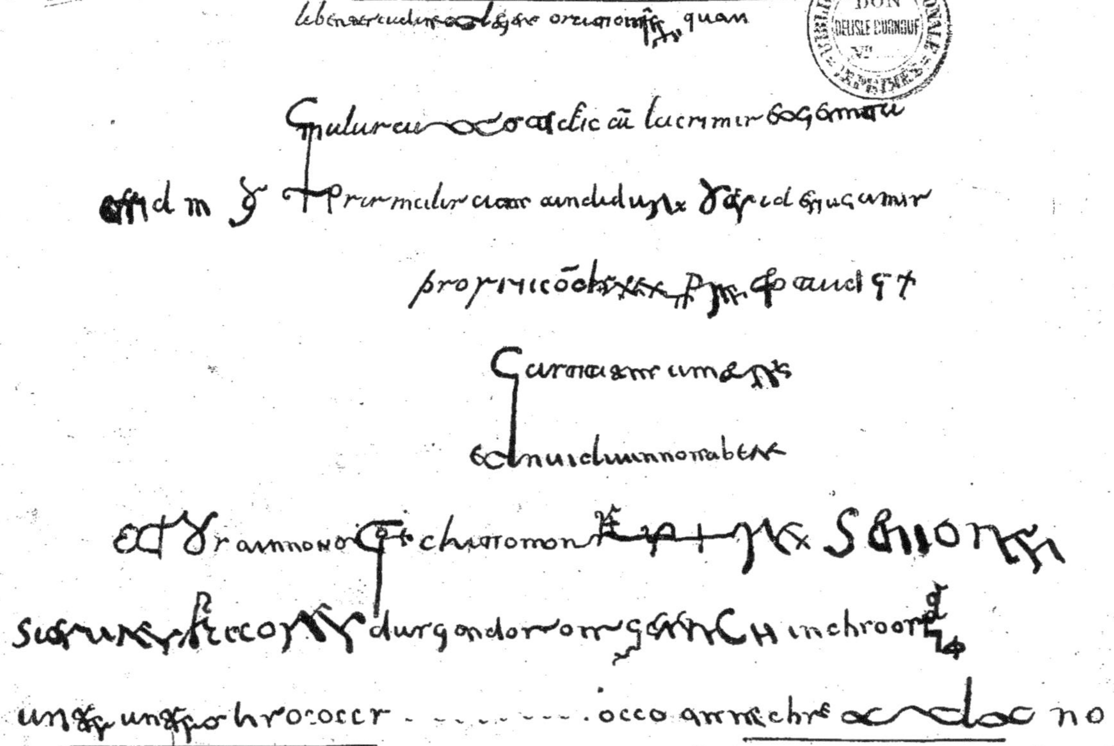

Transcription.

Libenter audirem legere orationis precem quam si malus
audit, mortis die, dictam cum lacrymis, eximit a meridia-
gubannæ Dæmonii Christus malis. Citor candidus Desiderius sanctus vir.
Propria manu codicem scripsi, christi, ΧΡΙϹΤΟΥ ΕΜΕΤΕΙ PREs φ; tu adde [710]

Castitatus Amen
Et in vigilia dividæ in nomine Sabinæ
et D Sammæ annorum; anno nono Sexto Chilperonymi Christi Regis, Senonum et
Sicambrorum et Francorum et Burgandorum coronam gerentis. Christi in chrono,
R.D.ST. φ. [710].

N.B. Je ne puis tirer de la dernière ligne aucun sens.
✠ CHILPERERTI ILL.

N.B. Le manuscrit N°43 (N°29 dans Catalogue général des Manuscrits des Bibl. Publ. des Dépar. Paris 1849
in f° p. 486) est un fort in 4°, écrit sur parchemin. Une des gardes
(de papier) porte en lignes tracées par une main moderne : « Miscellanea,
scilicet, Dictionarium verborum, etc.; oratio Dominica interpretata, variæ
homiliæ; Chronicon Sti Isidori, etc, etc, etc. » Il est très difficile de déchiffrer
certains feuillets de ce livre; quant à la première page, personne, que je sache,
ne l'a lue, depuis plus de cent ans.